Discusses different kinds of fruit and how they grow.

¡Nos gusta la fruta!

de Fay Robinson

Versión en español de Aída E. Marcuse

Asesores:
Dr. Robert L. Hillerich, Universidad Estatal
de Bowling Green, Bowling Green, Ohio

Mary Nalbandian, Directora de Ciencias,
Escuelas Públicas de Chicago, Chicago, Illinois

CHILDRENS PRESS®
CHICAGO

Diseñado por Beth Herman Design Associates

Catalogado en la Biblioteca del Congreso bajo:

Robinson, Fay.
    ¡Nos gusta la fruta! / de Fay Robinson.
    p. cm.
    Resumen: Habla de los distintos tipos de fruta y cuenta cómo crecen.
    ISBN 0-516-36006-X.
    1. Frutas–Literatura juvenil. [1. Fruta.] I. Título.
SB357.2.R63 1992
641.3'4–dc20   92-13312
                                                  CIP
                                                  AC

En un día de verano,
¿qué te gusta comer?
¿Un sabroso melocotón,

una ciruela brillante,

o quizá una deliciosa
tajada de sandía?

Puede que ya sepas que los melocotones, las ciruelas y las sandías son frutas.

También lo son las manzanas, naranjas, fresas, uvas y bananas. La gente come más bananas que ninguna otra fruta.

Hay frutas de tamaños, formas y colores muy distintos. Pero hay algo que casi todas tienen en común — semillas.

A veces una sola semilla
crece en medio de la fruta.

Otras veces unas pocas semillas
crecen en forma de estrella.

Algunas veces las semillas
crecen en hileras.

A veces las semillas crecen
sobre toda la fruta.

En la naturaleza, el propósito de la fruta es proteger las semillas que tiene adentro.

15

La fruta crece en la base de las flores. Cuando las flores caen, las frutas siguen creciendo.

Al final, las frutas caen
al suelo. A medida que se
pudren, las semillas se van
mezclando con la tierra
y germinan en nuevas
plantas. Para crecer, las
plantas se alimentan del
fruto podrido.

19

Para un botánico – un científico que estudia las plantas – fruta es cualquier envoltura que crece sobre las semillas. Esto incluye a los tomates, pepinos y hasta a las bellotas.

Pero casi todos nosotros
pensamos que las frutas son
el dulce y jugoso alimento
que comemos.

Las frutas crecen silvestres en casi todo el mundo.

Pero también se cultivan
en huertos y fincas.

23

Cuando están plenamente crecidas, las frutas se cosechan y empacan para venderlas en los mercados.

Las frutas no solamente tienen buen gusto, además te hacen bien. Tienen cantidades de vitaminas, minerales y azúcares naturales que necesitas para mantenerte sano.

La gente come frutas a diario en el mundo entero. ¡Nos gusta la fruta! ¿Cuál es tu favorita?

Palabras que conoces

semillas

una

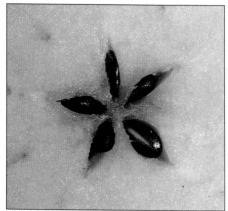

estrella

grupo en hilera

en todas partes

melocotón   ciruelas   sandía

manzanas   naranjas   fresas

uvas   bananas   tomate

31

Índice

Acerca de la autora:

Fay Robinson es especialista en Desarrollo Infantil. Vive y trabaja en el área de Chicago.

Fotografías:

PhotoEdit – ©Myrleen Ferguson, 5, 28; ©Tony Freeman, 31 (arriba derecha)
Photri – 27

Tom Stack & Associates – ©Terry Donnelly, 25

SuperStock International, Inc. – ©Age Spain, Tapa, 31 (centro, centro);
©Lewis Kemper, 15, 31 (abajo izquierda); ©Tom Rosenthal, 22;
©Ping Amranand, 23; ©Sal Maimone, 24

Valan – ©Val & Alan Wilkinson, 3, 14; ©Pam E. Hickman, 4, 31 (arriba
centro); ©Joyce Photographics, 6, 31 (abajo centro); ©P. A. Wilkinson, 9; ©V.
Wilkinson, 10, 11, 12, 30 (arriba izquierda, arriba derecha, abajo izquierda), 31
(arriba izquierda); ©Michel Bourque, 13, 30 (abajo derecha), 31 (centro
derecha); ©Pierre Kohler, 16; ©J. A. Wilkinson, 17; ©Jeannie R. Kemp, 17
(inserción), 31 (centro izquierda); ©Kennon Cooke, 19; ©V. Whelan, 20, 31
(abajo derecha); ©Phillip Norton, 21

TAPA: Un bol de frutas